AF247341

ESSAI DE DÉCHIFFREMENT

DE

L'ÉCRITURE ASSYRIENNE

POUR SERVIR A L'EXPLICATION

DU MONUMENT DE KHORSABAD

> L'année en laquelle Tartan, envoyé par Sargon, roi
> d'Assyrie, vint contre Asdod, et combattit contre
> Asdod et la prit. (ESAÏE, xx, 1.)

Paris. — Imprimerie Panckoucke, rue des Poitevins, 14

ESSAI DE DÉCHIFFREMENT

DE

L'ÉCRITURE ASSYRIENNE

POUR SERVIR A L'EXPLICATION

DU

MONUMENT DE KHORSABAD

PAR

ISIDORE LÖWENSTERN

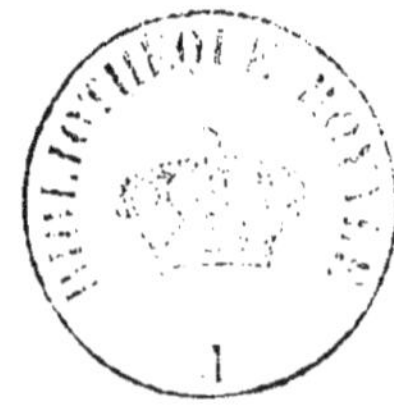

PARIS

A. FRANCK, LIBRAIRE-ÉDITEUR

69, RUE RICHELIEU

LEIPZIG

MÊME MAISON, 1, KÖNIGSSTRASSE

1845

A

SON EXCELLENCE

MONSIEUR GUIZOT

MINISTRE DES AFFAIRES ÉTRANGÈRES
DE SA MAJESTÉ LE ROI DES FRANÇAIS
GRAND-CROIX DE LA LÉGION D'HONNEUR
CHEVALIER DE LA TOISON

ETC. ETC. ETC.

HOMMAGE DE PROFOND RESPECT

AVANT-PROPOS.

Le déchiffrement que je publie est principalement basé
sur l'analogie que j'ai reconnue entre l'écriture cunéiforme de Khorsabad et la troisième écriture cunéiforme
de Persépolis.

Si mon système se trouve confirmé par la suite à l'aide
de matériaux plus nombreux que ceux dont j'ai été à
même de disposer, je serai heureux d'avoir fait le premier pas pour la lecture de la langue d'un des peuples
les plus remarquables de l'antiquité.

Si, au contraire, une critique impartiale le condamne,
j'ose espérer la même indulgence qu'obtiennent de nos
jours tant de systèmes philologiques, qui ont l'unique
mérite d'être établis à l'aide d'efforts consciencieux.

ESSAI DE DÉCHIFFREMENT

DE

L'ÉCRITURE ASSYRIENNE

POUR SERVIR A L'EXPLICATION

DU

MONUMENT DE KHORSABAD

La découverte récente d'un vaste monument sur ce sol antique[1], auquel se rattachent les premières traditions de l'histoire, a attiré l'attention du public autant que celle des philologues.

C'est de ces derniers surtout que l'on doit attendre la solution complète d'un des problèmes les plus intéressants pour l'histoire. Qu'il me soit néanmoins permis, sans avoir publié jusqu'à ce jour aucun travail qui me donne droit au titre de philologue, d'exposer mon opinion sur la destination d'un monument dont la découverte honore autant le savant et infatigable voyageur auquel nous la devons, que le gouvernement qui l'a mis à même de l'effectuer dans toute son étendue.

Je ne saurais douter que le monument de Khorsabad, à cinq heures de caravane de Mossul, ville de la Mésopotamie, située sur la rive du Tigre, du côté opposé à l'emplacement que l'on considère comme celui de l'antique Ninive[2], ne date des Assyriens et n'ait été construit avant la conquête de ce puissant empire par les Babyloniens et les Mèdes, événement qui eut lieu environ sept siècles avant Jésus-Christ.

Il suffit d'examiner le costume des personnages reproduits par M. Botta pour y reconnaître le vêtement assyrien[3], si différent de celui adopté, à l'instar de celui des Mèdes, par les anciens Persans, tel que nous le

[1] Voyez *Lettres* de M. Botta sur ses découvertes à Khorsabad, près de Ninive, publiées par M. J. Mohl, 1845.

[2] Voyez la note A, à la fin du volume

[3] Voyez la note B.

montrent Niebuhr[4] et Ker-Porter[5] sur les ruines de Persépolis. C'est surtout l'armure des guerriers qui correspond exactement à celle qu'a décrite Hérodote[6] pour les Assyriens dans l'armée de Xerxès.

Les faits qui ont donné lieu à la construction du monument de Khorsabad ne peuvent, vu le lieu où ses ruines se trouvent situées, vu le peuple qu'on y voit représenté, et les inscriptions cunéiformes qui y sont conservées, concerner que l'Assyrie.

Nous possédons pour l'histoire de ce célèbre empire deux versions différentes : l'une qui, selon Ctésias, d'après Diodore[7], s'étend sur une période de mille trois cent soixante années, et le règne de nombreux monarques, mais qui ne conserve le souvenir que des événements relatifs aux règnes de Ninus, Sémiramis, Ninyas, Teutame et Sardanapale : c'est celle des anciens auteurs profanes[8], qui, de même que toute histoire des peuples étrangers aux Grecs et aux Romains, empreinte du penchant des anciens pour la fable et mutilée par leur prononciation des noms barbares, ne saurait servir pour l'établissement de faits précis ; l'autre version comprend les notions sur l'Assyrie depuis le milieu du huitième jusqu'à celui du septième siècle avant Jésus-Christ, que nous trouvons disséminées dans l'Écriture sainte : tout ce qui y est rapporté paraît précis ; les noms propres présentent un caractère sémitique particulier ; mais ces données ne concernent que les événements dans le courant d'un seul siècle. Et c'est cependant à cette courte période que j'attribue les faits relatifs au monument qui nous occupe.

La destination du monument de Khorsabad a dû être, ainsi que le suppose M. Botta[9], celle d'un tombeau. On ne saurait admettre d'autre hypothèse, et on peut, selon toute apparence, le considérer comme la sépulture d'un roi guerrier, qui aurait fait la conquête importante de la ville ou de la forteresse que l'on voit représentée[10], et décrite, page 31, avec la remarque : « *que le haut de la montagne porte quelques caractères indiquant probablement le lieu de la scène.* »

---

[4] Voyez *Voyage en Arabie*, par C. Niebuhr. Amsterdam, MDCCLXXX.

[5] Voyez *Travels in Georgia, Persia, Armenia, ancient Babylonia*, etc., by Sir ROBERT KER-PORTER. London, 1821.

[6] Voyez la note C.

[7] Voyez la note D.

[8] Voyez HERODOT., I, 95; DIOD. SIC., II; VELLEIUS PATERCULUS, I, 6; JUSTINUS, I, 2; OROSIUS, I, 4, 19; AGATHIÆ Hist., II, 63; ATHENÆUS, XII (*Epitaph. Sard.*), etc.

[9] *Lettres*, p. 61.

[10] *Idem*, pl. XXV.

Dans l'histoire d'Assyrie, d'après les notions bibliques, que seules je crois devoir suivre, je ne trouve citées que quatre villes importantes, conquises par les Assyriens : ce sont Damas, prise par Tiglat-Philesar [11] ; Samarie, après un siége de trois ans par Salmanassar [12] ; Asdod ou Azot [13], conquise par le roi nommé généralement Asaraddon, dont les guerres s'étendirent sur la Syrie, Israël, l'Égypte, l'Éthiopie, et auquel on attribue même [14] la réunion de Babylone avec l'Assyrie ; enfin Ecbatane, prise par Nebucadnezar [15] (Chyniladan).

Le déchiffrement, qui est l'objet de ce travail, me porte à considérer l'événement dont la vingt-cinquième planche perpétue le souvenir, comme représentant la prise d'Azot, de cette ville si importante par sa situation sur les frontières de Palestine et d'Égypte, et si fameuse par la résistance qu'elle opposa pendant vingt-neuf ans, selon Hérodote [16], au siége dont Psammétique, roi d'Égypte, l'avait investie.

Considérant la question sous les rapports topographique et archéologique, rien ne s'oppose à cette opinion. Les ondulations si distinctes que l'on remarque au pied de la forteresse me semblent indiquer une ville maritime, ce que n'étaient ni Samarie, ni Ecbatane (Hamadan). Le Chrysorrhoas (Barrady), près de Damas, ne me paraît point assez considérable pour avoir été marqué d'une manière si prononcée sur la sculpture. De ces quatre villes, il n'y avait qu'Azot ou Asdod, quoiqu'à quelque distance de la côte (si effectivement l'Esdud moderne occupe son emplacement [17]), qui se trouvât rattachée à la mer par un port, que d'Anville [18] appelle un *Azot paralios*.

Quant aux conclusions que l'archéologue peut tirer des autres objets qu'il voit représentés, les traits et les costumes des personnages au haut de la forteresse incendiée, levant les mains au ciel, s'accordent complétement avec les figures des prisonniers de la vingt-septième planche dont le costume me paraît syrien, et qui décidément n'est ni mède ni persan. Les figures sauvages des planches xxx, xxxix et xl, couvertes de manteaux faits d'écailles ou de plumes, et que M. Mohl

----

[11] *Rois*, ii, 16.

[12] *Ibid.*, 17.

[13] *Esaïe*, xx.

[14] *Canon de Ptolémée.*

[15] Apocr. *Judith*, i.

[16] Hérodote, ii, 157.

[17] Voyez la note E.

[18] Voyez d'Anville, *Géographie ancienne abrégée.* Paris, 1769, p. 133.

(page 54), dans une des notes intéressantes ajoutées aux lettres de M. Botta, considère comme des peaux de mouton, offrent bien quelque difficulté, ces vêtements de peaux étant indiqués par Hérodote [19] pour les Éthiopiens, couverts de peaux de léopard et de lion, aussi bien que pour les Caspiens et les autres peuples au nord de la Perse, qu'il décrit dans son viie livre [20], vêtus de saies de peaux de chèvre. Si, d'après l'apparence, ces manteaux représentent en effet des plumes, cette particularité ne saurait s'accorder qu'avec le climat brûlant de l'Afrique. Quant aux simples tuniques des femmes de la sixième planche, et la figure nue de l'enfant, elles rappellent le costume biblique. Je m'arrête à ces quelques détails: je ne me sens point compétent pour énoncer mon opinion sur l'art architectonique déployé dans la forteresse; mais assurément il ne paraît point en harmonie avec la description splendide que les anciens nous donnent de la riche Ecbatane [21].

Toutes les suppositions historiques me paraissent donc s'accorder, ou du moins ne point s'opposer à ce que l'on adopte Asdod comme la ville dont l'assaut est représenté; aussi est-ce à ce nom que je me suis arrêté pour le déchiffrement des caractères cunéiformes représentés par M. Botta dans sa trente et unième planche et sur lesquels il appelle l'attention. Il en résulte naturellement qu'au nom de la ville je dois tenter d'ajouter celui de son conquérant.

Pour arriver à ce but, il faut s'occuper de l'investigation de signes complétement inconnus, puisqu'ils ne paraissent, au premier abord, présenter aucune analogie avec les trois écritures cunéiformes de Persépolis, et tout aussi peu avec celle qui se trouve sur les briques de Babylone, dont les formes sont si compliquées [22].

De toutes les écritures cunéiformes, il n'y a que celle que l'on appelle la première persépolitaine que l'on soit parvenu à déchiffrer. On sait que ce résultat est dû à M. Grotefend, qui sut découvrir dans les inscriptions cunéiformes les noms des rois Darius et Xerxès, ainsi qu'il les publia dans le célèbre ouvrage de Heeren sur la politique, le commerce, etc., des peuples de l'antiquité. Ce savant, dont l'alphabet présentait encore bien des signes d'une valeur incertaine, a trouvé de dignes successeurs dans

[19] Voyez la note F.
[20] Voyez la note G.

[21] Voyez la note H.
[22] Voyez la note I.

MM. Eugène Burnouf et Lassen, qui non-seulement ont presque complété la connaissance des lettres de l'alphabet de la première écriture cunéiforme, mais qui, aidés du zend et du sanskrit, sont parvenus à déterminer le sens de ces inscriptions représentant un idiome analogue à ces deux langues japhétiques, dans lequel on croit avoir reconquis le parsi, l'ancien persan. Quant à la seconde de ces écritures, ce n'est que tout récemment que M. Westergaard, de retour d'un voyage dans l'Inde et en Perse, s'est occupé de son déchiffrement[23]. Il lui conserve le nom de mède, sans conséquence néanmoins à la langue encore indéterminée qu'elle représente. Pour la troisième, enfin, il n'existe pas à ma connaissance de travaux plus récents que les deux traités de M. Grotefend[24], publiés en 1837 et 1840, où il rassemble[25] dans une même table, d'après les inscriptions de Mourghab et de Persépolis, les noms des rois *Kyros*, *Hystaspes*, *Dareios* et *Xerxès*, en comparant les signes qui forment ces noms dans la troisième écriture avec la première persépolitaine.

En examinant plus attentivement les nombreuses inscriptions cunéiformes de Khorsabad, je reconnus que, malgré la différence que présentent d'abord ses signes avec ceux de la troisième écriture persépolitaine, le plus grand nombre s'y trouve analogue, et que c'est surtout la longueur des crochets formant un rectangle dans la troisième écriture de Persépolis qui la fait paraître différente de celle de Khorsabad, où ces mêmes signes sont remplacés par des triangles. Ainsi que le remarque Grotefend[26] pour la troisième écriture de Persépolis, où il compte environ cent trente signes, on voit dans celle de Khorsabad un nombre de lettres s'élevant à plusieurs centaines, circonstance qui paraîtrait enlever tout espoir d'une solution quelconque, si un examen plus sévère ne faisait reconnaître que la plupart de ces signes reproduisent en partie les mêmes formes différemment combinées, de manière à faire supposer une union syllabique dans beaucoup de ces signes. Ayant trouvé le

---

[23] *Ueber die Keilinschriften der ersten und zweiten Gattung*, von Ch. Lassen und. N. L. Westergaard *Bonn*, 1845.

[24] Voyez Dr G. F. Grotefend, *Neue Beitraege zur Erlæuterung der Persepolitanischen Keilschrift*, etc. Hannover, 1837; Idem, *Neue Beitraege z. Erl. d. Babylonischen Keilschrift*, etc. Hannover, 1840.

[25] N. B., 1840, p. 65.

[26] Voyez la note K.

commencement de plusieurs inscriptions d'une apparence presque identique, il m'était facile de comprendre que l'écriture de Khorsabad devait
être lue comme les autres inscriptions cunéiformes de gauche à droite ;
et cette similitude, que je viens de reconnaître entre le commencement
des inscriptions des planches ix, xii, xiii et xv[27] de M. Botta, me donne
encore l'espoir de trouver le nom du roi comme contenu dans les signes
qui, dans ces quatre inscriptions (dont l'une, celle de la pl. xii, n'est
que d'une seule ligne, mais complète), se trouvent constamment réunis.
Néanmoins, avant de poursuivre ces investigations techniques, et de
m'attacher au nom de la forteresse et du roi, il me faut nécessairement
fixer une opinion sur la langue que ces inscriptions doivent représenter.
Grotefend ne veut trouver dans la troisième écriture cunéiforme, quoiqu'il
la nomme assyrienne, aucun indice sémitique[28]. Cette particularité serait
conforme à l'opinion de Gesenius[29], qui considère les noms assyriens,
qui se sont conservés jusqu'à nous, comme appartenant à la souche de
langue médo-persane, quoiqu'aucun indice précis historique n'explique
la présence d'éléments japhétiques dans l'assyrien, tandis que Adelung[30]
adopte l'assyrien comme très-différent de l'hébreu et du chaldéen, mais
sans mettre en doute son origine sémitique. J. D. Michaelis[31] se montre
favorable à l'idée si étrange d'une analogie entre l'assyrien et le slave ;
comme Goerres[32], pour l'identité de l'Arie avec l'Assyrie. Wilford
enfin[33] explique les noms de quelques divinités assyriennes au moyen
du sanskrit, quoiqu'il fasse dériver d'autres de ces noms du japhétique
et semitique combinés. C'est surtout le passage de l'écriture[34], où le
délégué de Jérusalem pric le chef des Assyriens de lui parler en araméen
et non en judaïque, afin que le peuple sur les murs de la ville ne pût
les comprendre, qui a dû fournir la preuve si souvent reproduite contre
l'identité de l'assyrien et de l'hébreu. Mais, de même que dans la
division des langues japhétiques, l'analogie des différents idiomes se
reconnaît malgré la transposition, l'affaiblissement, l'élision des lettres
et tant d'autres incidents, et se trouve justifiée quand elle est basée sur
des lois régulières et surtout naturelles ; de même, les branches sémi-

[27] Voyez la pl. i.

[28] Voyez la note L.

[29] Voyez la note M.

[30] Voyez la note N.

[31] Voyez la note O.

[32] Voyez la note P.

[33] Voyez la note Q.

[34] Voyez la note R.

tiques moins approfondies encore par la philologie pourraient avoir une
origine commune, quand même des langues qui s'y rattachent ne s'ac-
corderaient point complétement, ni pour les constructions étymolo-
giques, ni pour les lois grammaticales. Je conviens néanmoins de la
difficulté qui existe particulièrement pour l'investigation des langues
sémitiques. Si le système graphique de la première écriture cunéiforme, où domine un idiome japhétique, montre ce mode varié dans la
représentation des voyelles, qui tantôt se trouvent exprimées distincte-
ment, et tantôt sont seulement sous-entendues, ce qui rend les recherches douteuses ; à plus forte raison ce même caractère de l'hébreu,
qui, dans l'origine, ne paraît point avoir possédé des signes distincts
pour les voyelles, et ne mettait en évidence que ces signes au son
indécis, tels que א l'*alef*, ו le *vav* et le ׳ *jod*, doit être supposé pour
toute langue appartenant à la même famille.

Les recherches philologiques ne pouvant s'exercer pour la langue
assyrienne sur une base assez étendue pour établir des lois précises de
comparaison, je crois devoir me tenir pour le moment uniquement aux
conclusions résultant de la tradition sacrée[35], qui place les descendants
d'Assur dans la même division que les fils de Heber; je suppose donc à
ces deux peuples des langues analogues dont la parenté résultant d'une
même origine, sans se déceler dans toutes les formes du langage, doit
exister dans les racines. Je sépare de cette analogie, que j'admets
pour l'hébreu et l'assyrien dans l'origine, celle résultant par la suite
de l'intercours des Hébreux, lors de leur captivité, avec les Assyriens et
les Babyloniens, pour lesquels on ne peut supposer, comparés ensemble,
que les idiomes différents d'une même langue, dont des records doivent
se trouver dans le chaldéen actuel des Israélites[36].

C'est de cette époque, celle de cette captivité, que, d'après les livres
rabbiniques, date l'écriture carrée de ce dernier peuple, qu'il a conservée jusqu'à nos jours, en remplacement de l'alphabet samaritain ou
phénicien, et dont le nom כתב אשרית *Ketaf-Achourit*, se montre en
accord avec la tradition sur la source dont il aurait été tiré[37].

Convaincu que les lettres actuelles des Hébreux ont une origine

<hr>

[35] Voyez la note S.   [37] Voyez la note U.
[36] Voyez la note T.

assyrienne, je recherche les analogies que l'écriture cunéiforme de Khorsabad pourrait présenter avec elles, et je trouve un signe

reparaissant très-fréquemment, tantôt droit, tantôt penché à gauche dans les inscriptions du monument, qui me paraît de la plus grande ressemblance avec le *sin* ou *chin* des Hébreux [38].

Et c'est précisément ce signe qui se rencontre dans le nom au-dessus de la forteresse, et dans ce que je crois pouvoir supposer le nom du souverain.

Je retrouve ce même signe dans la troisième écriture persépolitaine, ce qui me donne l'espoir d'arriver à des indices sur ces deux noms, dont l'un est aussi marquant par son isolement, que l'autre par sa présence réitérée. Ayant quelques doutes sur la valeur de quelques-uns des signes déchiffrés par M. Grotefend [39] dans les noms des rois de la troisième écriture persépolitaine, je crois devoir tenter une nouvelle comparaison de ces noms de la troisième avec ceux que nous connaissons déjà de la première écriture.

Les signes de l'écriture cunéiforme de Khorsabad, qu'il est le plus important de reconnaître, sont ceux composant le nom de la forteresse (représentés planche xxxi), au nombre apparent de cinq :

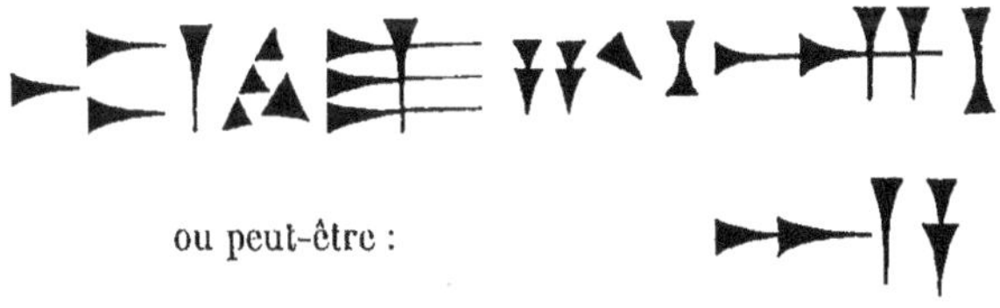

ou peut-être :

Le dernier ayant paru d'une forme indistincte à M. Botta, il y a ajouté, comme pouvant le remplacer, un autre signe peu différent. Quant à

[38] Voyez la note V.

[39] *Neue Beitraege zur Babyl. Keilsch.,* 1840, p. 65. — Voyez note W.

ceux que je suppose former le nom du roi, vu la place qu'ils occupent invariablement dans les quatre inscriptions mentionnées, trois lettres seulement se présentent constamment unies

de sorte que je crois pouvoir les adopter pour la racine de ce nom. Ces trois signes sont toujours précédés de deux ou trois des signes suivants :

qui ne sauraient représenter, vu les analogies que je puis établir à l'é-gard de deux de ces figures, que les titres du roi ; de même que des signes qui suivent son nom, le premier

me paraît un affixe.

C'est ce peu de signes que je viens de citer, auxquels je me trouve obligé de borner les secours que me fournit la paléographie pour les indications de l'histoire ; et encore une partie de ces signes ne saurait être reconnue. Je dois donc placer d'autant plus de valeur dans ceux que j'ai distingués à l'aide de la comparaison avec la troisième écriture persépolitaine.

Le premier signe

dans le nom au-dessus de la forteresse, formé de trois pointes horizon-tales, la deuxième précédant les deux autres, et d'une pointe verticale, me reste inconnu, mais représente pour moi, en le considérant comme la première lettre du mot Asdod, א, l'*alef* des Hébreux, appartenant à cette classe de lettres dont la valeur n'est point fixe : de sorte qu'on regarde l'*alef*, ainsi que le ו, *vav*, et י, *jod*, généralement comme des aspirations, qui ne reçoivent de son qu'autant que la coutume ou la ponctuation l'indiquent. Aucun signe de la troisième écriture persépoli-taine, dans les courtes inscriptions que je suis à même de consulter, ne représentant cette lettre, je la laisse indécise, et je passe de suite à l'examen de la deuxième, ressemblant au ש *sin* ou *chin*.

C'est ce signe

d'une figure si distincte, que je retrouve sous une forme analogue

dans les noms de Xerxès et d'Achéménide (Achæménès), de la troisième écriture cunéiforme de l'inscription E de Niebuhr [40]. Il reparaît deux fois dans le nom de Xerxès que M. Lassen [41] (dans son ouvrage sur les inscriptions cunéiformes, publié en 1845) transcrit dans la première écriture *khsársâ*, et dans sa première publication sur cette matière en 1836, *khsarsa* (avec esprit rude sur les *s*), et dont la lecture la plus vraisemblable dans la troisième écriture (Niebuhr E) me semble celle de *Chachhara* ou *Sashara* [42], la ligne divisée en deux pointes après le deuxième me paraissant une aspiration, et les autres trois signes simples et conformes l'un à l'autre une voyelle, remplaçant un signe massorétique hébreu. Quant au signe pour le ר *res*, *r* dans ce nom, j'y reviens dans la suite. On ne saurait objecter à la forme que je donne à ce nom celle du nom hébreu *Ahasverous*, dont l'identité avec celui de Xerxès est moins probable que celle avec Artaxerxe, énoncée par saint Jérôme d'après les Septante. Quelle que soit néanmoins la prononciation de ce nom dans la troisième écriture cunéiforme de Persépolis, il ne saurait y avoir de doute que les deux signes du *sin* y représentent le *ks* et *s* de la première écriture, ainsi que le *x* (ξ) dans Xerxès. De toute manière, la sifflante se trouve représentée dans mon *sin* assyrien, et c'est donc la valeur que je lui accorde sans hésitation, et que confirme encore sa présence à la fin du mot Hᵉkhâmᵉnisijᵉh (l'Achéménide).

---

⁴⁰ Voyez pl. ii et iii.

⁴¹ Voyez pl. ii et iii.

⁴² Voyez, sur la valeur des voyelles dans ce nom, la note X. Quant aux points sur les lettres, ils marquent des valeurs massorétiques, qui paraissent celles rendues en hébreu par le *cheva*, le *daghes*, etc. (Voyez p. 17.)

Je donne donc à la deuxième lettre du nom au-dessus de la forteresse la valeur d'un *sin* ou *chin*, c'est-à-dire de la sifflante simple ou combinée comme chuintante, ce qui forme (א?) ש. (Alef?) $\frac{s}{ch}$ *in.* = (A?) *s.* ou (A?) *ch.*

Je viens à la troisième lettre de ce nom

formée de trois pointes horizontales, avec une pointe verticale qui les traverse au milieu. Ce signe se retrouve dans cette même inscription E de Niebuhr, dans le nom de Darius, et de la manière la plus distincte dans ce même nom, en se présentant comme première lettre de l'inscription C de Niebuhr [43]. Quant à la particularité de la ligne perpendiculaire, qui ne traverse point les trois horizontales dans les écritures persépolitaines

elle n'est point un obstacle à la valeur de cette lettre, ainsi que l'on peut le remarquer pour des signes identiques de l'écriture de Khorsabad, où certaines pointes en dépassent d'autres ou s'arrêtent devant elles. Le signe qui paraît se rattacher à cette troisième lettre, formé de deux pointes en rectangle,

et rendu à Khorsabad par un triangle

ne saurait, vu sa fréquence, avoir d'autre valeur que celle des signes accessoires de l'hébreu, comme le ׃ *cheva*, ֲ *daghes*, *mappic* et — *rafé*, qui servent à indiquer le changement, l'affaiblissement, l'élision, le redoublement ou l'aspiration des lettres, de même qu'il semble servir,

<hr>

43 Voyez pl. II et III.

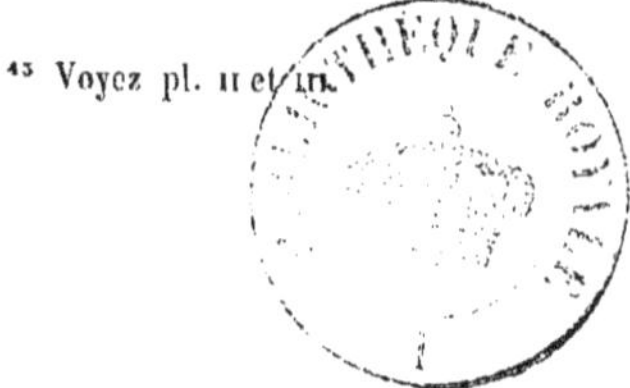

quand il est deux ou trois fois répété, comme affixe marquant le nombre [44].

Cette troisième lettre

ne saurait donc être adoptée, en la considérant comme identique avec

que comme ר *dalet, d*, et elle forme alors avec les deux précédentes (א?) שׁר (A?) *s d* ou (A?) *ch d*.

Le quatrième signe

composé de deux lignes verticales, formées chacune de deux pointes, l'une au-dessus de l'autre, et suivies d'un petit triangle placé obliquement, ne se trouve point dans des noms propres assez bien définis pour servir de base. Je suppose néanmoins qu'il représente le ו *vav*, savoir une des aspirations sans son distinct de l'hébreu, qu'accompagnent ordinairement les signes massorétiques d'un son profond comme *o* ou *ou*, (*kholem* et *chourek*) à cause de sa ressemblance avec le signe

qui, dans Dareios de la troisième écriture cunéiforme, remplace le *vav*, *v*, du nom hébreu Dᵃrivs ou Dᵃriut, d'autant plus que ce même signe pour le *vav* reparaît uni avec celui que je cherche à déterminer dans la deuxième écriture cunéiforme, où, d'après la lecture de M. Westergaard [45] il aurait la valeur d'un *o* (okaveniśija); et qu'il se trouve encore pour la troisième écriture dans la sixième ligne de l'inscription C de Niebuhr, comme cinquième lettre, suivie des signes pour

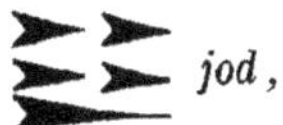 *jod*,

[44] Voyez la note Y.

[45] Voyez Lassen, etc. Ueb. d. Keil-insch., 1845, ii, p. 129.

et pour

 *sav*,

que je lis *thav* (le changement de ces deux lettres en hébreu étant aussi bien connu que celui pour l'assyrien de *s* et *t*, énoncé par Dion Cassius [46]) : il formerait alors le mot בית *beis* ou *veit*, nom chaldéen qui signifie édifice, et qui, dans la troisième écriture cunéiforme, paraît à la place où, dans la première écriture, Lassen lit tᵃkᵃrᵃ m. *aedem* [47]; fait qui, s'il est confirmé par d'autres recherches, prouverait une analogie des plus prononcées avec le chaldéen des Hébreux. Je crois donc qu'il existe autant de similitude entre le signe assyrien formé de deux lignes verticales, séparée chacune en deux pointes, avec celui où l'une seulement des deux lignes est divisée en deux pointes [48]; qu'il se trouve de rapport entre le ב *bet* sans *daghés* et le ו *vav* en hébreu, où ces deux lettres labiales, l'une muette, l'autre aspiration, se prononcent indifféremment comme *v*.

J'assigne donc à cette quatrième lettre la valeur d'un *vav* avec *khôlem*, ce qui me donne les lettres (א?) ודש : (Alef?) *sin, dalet, vav.* = (A?) *s d o* (plaçant l's indifféremment pour *s* ou *ch*, afin d'éviter la répétition).

Il ne me reste alors que le dernier signe, ou plutôt la dernière combinaison, représentée de deux manières,

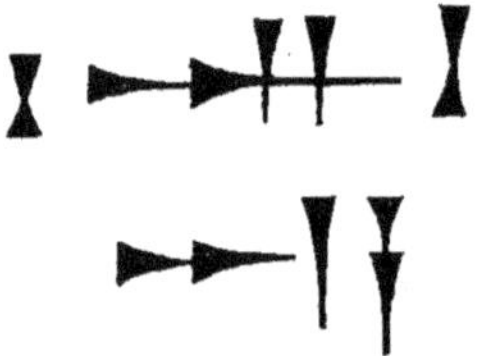

puisque, dans la première, cette ligne horizontale, formée de deux pointes, que j'ai considérée dans le nom *Chachhaȓa, Sashaȓa* comme représentant un esprit rude, et qui, comme cinquième lettre du nom de la ville, se trouve placée entre deux traits formés chacun de deux triangles, est traversée dans la deuxième pointe horizontale par deux

[46] Voyez la note Z.
[47] Voyez la pl. III.
[48] Ces lignes se rencontrent encore dans différentes combinaisons, tantôt comme une seule pointe, tantôt divisées en deux. Voir pl. I.

pointes verticales; tandis que dans la deuxième ajoutée par M. Botta, dans l'incertitude sur la véritable forme de cette lettre, la ligne horizontale n'est point traversée par les deux lignes verticales, dont la première seulement est une pointe entière, et l'autre formée en deux pointes; ce qui formerait le *bet* énoncé plus haut, et me semble indiquer une lettre représentant une forte aspiration, à laquelle je n'oserais donner un son particulier, mais toujours une articulation quelconque, sans pouvoir, vu l'incertitude sur la forme authentique de la lettre, espérer de préciser l'organe. Je le figure donc en hébreu par ה *heh* (*h*), en laissant indécis s'il faut le combiner avec une labiale, palatale, ou, ainsi que le demande notre mot, avec une linguale, dans lequel cas il formerait *th* ce qui compléterait (א?) ודש (ה ou ת?) : (Alef?) *sin, dalet, vav, heh* (A?) *s d o h,* et combiné avec une linguale [49] (A?) *s d o* (*th*) (ASDOD).

Si j'ai réussi à établir la partie essentielle du squelette dans le nom de la ville conquise, il en resulte par la tradition historique le nom du conquérant. C'est donc Asaraddon.

L'explication de la plupart des signes qui, dans les inscriptions ıx, xııı et xv [50], précèdent le nom du roi, offre peu de difficulté. On reconnaît de suite dans le premier signe de la neuvième et treizième inscription

composé de quatre pointes verticales et de deux horizontales, le même signe

qui, dans les inscriptions C de Niebuhr, première ligne, et E, deuxième ligne, représente (les pointes horizontales y traversant les autres) le mot : grand, wᵃzᵃrkᵃ, d'après la lecture de Lassen [51]; mais uni à un autre signe

composé de deux pointes en croix accompagnées de trois autres pointes,
et qui remplace le signe

qui, dans les inscriptions de Niebuhr, se trouve formé de quatre pointes
horizontales terminées par une pointe verticale, suivie d'une autre
petite pointe horizontale.

La première lettre distincte de l'inscription XII,

formée de trois pointes perpendiculaires traversées de deux pointes
horizontales de longueur inégale, surmontées de cette ligne divisée en
deux pointes que je suppose une aspiration[52], ne peut appartenir qu'au
titre, vu la comparaison des quatre inscriptions ; de même que les deux
triangles

à la troisième place de l'inscription IX, ne sauraient être qu'un affixe
du titre ou d'un mot pompeux.

Quant au signe

à la troisième place de l'inscription XIII, qui est encore le premier signe
distinct de l'inscription XV, il se présente d'une manière prononcée comme
ce monogramme pour roi,

déjà reconnu par Grotefend[53], et formé dans l'assyrien de Khorsabad
de la ligne horizontale divisée en deux pointes comme base, mais surmontée de quatre autres pointes, qui, dans les inscriptions de Niebuhr,

---

[52] Voyez la note BB.   [53] Voyez la note CC.

sont placées d'une manière plus irrégulière, mais présentent le même nombre et la même direction dans celles de Khorsabad.

J'arrive à la partie la plus compliquée de mes recherches : au nom, dans la langue assyrienne, du roi Asaraddon. De tous les rois d'Assyrie que nous cite l'Écriture sainte, aucun ne se trouve indiqué par tant de noms variés que ce célèbre monarque.

On le voit nommé Assarhaddon ou Esarhaddon ; puis Asardon et Arna par les Septante ; Asaradin dans la liste de Ptolémée ; Sarchedon par Tobie (ɪ, 21) ; Asnappar par Esra (ɪv, 10), et Sargon par Ésaïe (xx)[54].

C'est sous cette dernière désignation que ce prophète cite le conquérant d'Asdod, et c'est celle enfin à laquelle je m'arrête. Le nom du roi, ou plutôt ce que je suppose sa racine, ne peut se trouver que dans les trois lettres

qui occupent la quatrième, cinquième et sixième place dans les inscriptions ɪx et xɪɪɪ ; la troisième, quatrième et cinquième dans l'inscription xɪɪ, en comptant le premier signe, quoique indistinct ; et la deuxième, troisième et quatrième dans l'inscription xv, qui vient après le monogramme pour roi. La lettre qui suit ces trois signes radicaux est la même dans les planches ɪx, xɪɪ et xɪɪɪ, mais différente de ces autres dans la planche xv : comme dans les trois premières elle représente

ces deux triangles que je considère comme affixe ; et, dans la planche xv,

cette ligne à deux pointes déjà connue, surmontée d'une autre ligne parallèle et d'un triangle, adoptant par analogie ce signe aussi comme

[54] Voyez *Uebersetzung der allg. Welthistorie.* Halle, 1746, t. ɪɪɪ, p. 602, note Ӡ. *ibid.*

affixe, en même temps que sa diversité avec celui qui, dans les autres, suit mes radicales du nom du roi, me sert d'indication pour la fin de ce nom, de même que les signes des titres ont dû me faire connaître son commencement. Quant à la lettre qui suit ce signe, qui, seulement pour les trois premières inscriptions, présente les deux triangles, déjà connus, et pour la quatrième (pl. xv) ce signe distinct

que j'assimile à un ‎ך‎ *dalet* (*d*); elle ne saurait appartenir, vu cette diversité dans les quatre inscriptions, que comme affixe au nom du roi, ou comme préfixe au titre ou nom suivant.

Je procède donc à l'examen de ce que j'appelle la racine de ce nom. Choisissant l'inscription de la planche xv, qui, quoique plus incomplète que les autres, figure ces lettres de la manière la plus distincte, et où elles sont précédées du signe pour roi, nous voyons le premier signe après ce titre

formé de deux pointes verticales, traversées par une pointe horizontale [55].

Cette lettre se retrouve dans les inscriptions C et E de Niebuhr [56]; elle est dans Xerxès, *Chachhara* ou *Sashara*; dans Darius, *Darivs* ou *Dariut*. Grotefend [57] la rend par *r*, et c'est cette valeur, celle du ‎ך‎ *res*, que je lui assigne de même, et qui, vu sa position dans les deux noms, ne saurait être douteuse. La deuxième lettre, déjà reproduite

c'est ce ‎ש‎ *sin* ou *chin* du nom d'Asdod.

La troisième me reste inconnue

<hr>

[55] Voyez la note DD.
[56] Voyez pl. ii et iii.

[57] *Neue Beitr.*, 1840, p. 65.

elle est composée de quatre pointes formant un carré ouvert à sa base, où il est précédé d'une pointe, figure qui rend à peu près la forme d'un ק *koph* hébreu renversé, et tel qu'il paraîtrait dans une écriture lue de gauche à droite.

J'adopte donc la racine du nom du roi comme composée d'un ר *res* (*r*), d'un שׁ *sin* (*s*), et d'une troisième lettre inconnue. Je la nomme au hasard, et, vu sa ressemblance avec le *koph*, je lui attribue cette valeur, celle du ק *k*[58].

J'ai alors devant moi ר *res*, שׁ *sin* (ק?) (koph?) = *r s* (k?). Comment accorder ces trois lettres avec Sargon? La transposition des deux premières lettres n'a rien qui arrête. Dans les idiomes d'une même langue (ainsi que je considère l'hébreu et l'assyrien), ces changements ont parfois lieu, particulièrement ceux de liquides, comme de la sifflante avec une linguale dans le cas actuel, et n'arrêtent point le philologue. Je n'hésite donc point à approprier les deux premières consonnes, quoique toutes deux transposées, à Sargon, plutôt que de citer encore un autre nom d'Asaraddon, énoncé dans les notes au *syncelle* dans l'édition de Bonn, 1829, page 396, correspondant avec les Septante[59] : *De Sargon sive ARNA*[60] (*Anonymus*); où néanmoins le *r* se trouverait à la même place que dans les inscriptions de Khorsabad.

Mais c'est une autre dénomination conservée dans cette même note au *syncelle*[61], qui me fournit une forme de ce nom plus rapprochée que Sargon. C'est celle de SARAK, Σάρακος, que j'y trouve adoptée comme du dernier souverain de l'Assyrie, le Sardanapale des auteurs profanes.

Ex Polyhistore Sarax, sive Saracus, non est Nabopalasarus, at Saracus est ipse Sardanapalus.... (*Anonymus*.)

C'est donc à l'occasion de ce nom que je trouve la note suivante dans la traduction allemande, dirigée par Baumgarten, de l'*Histoire universelle* publiée en Angleterre[62] : « Ce nom (Sarak) a pu être abrégé de Sarchedon, comme celui d'Assarhaddon de Asserhadonpul, ou de Sardanapal (*Newton, Chron. of anc. Kingdoms*, 293). Telle est la cause évidente qui nous fait trouver chez des auteurs profanes.... et particulièrement chez

---

[58] Voyez la note EE.
[59] Voyez la note FF.
[60] Jesaïas, xx, 1.
[61] Voyez *Georgii Sincelli Chronogra-* *phia*, p. 210. (Rec. Dindorfii Bonnæ, 1829, p. 396.)
[62] Voyez *Uebers. d. allg. Welth. ut sup.*, t. iii, p. 617.

Suidas, deux Sardanapale, dont l'un est décrit comme guerrier, l'autre comme un homme efféminé. Le grand Assarhaddon était le premier, et ce roi (Sarak), qui, selon notre opinion, a dû être le second, était le dernier. »

Or, si les savants auteurs de l'ouvrage si célèbre que je viens de citer adoptent deux souverains du nom de Sardanapale, je suppose que le nom plus sémitique de *Sarak*, et si analogue à celui de Sargon, est identique avec celui que je crois lire dans les inscriptions de Khorsabad, et que je présente comme formé de ר *res*, ש *sin*, (ק?) (koph?) *r s* (k?), c'est-à-dire comme *Arsa* (k?) ou *Rasa* (k?).

C'est donc à ce monarque dont les noms se présentent sous une forme si variée, mais analogue, que j'attribue les événements représentés sur le monument de Khorsabad ; c'est à son règne que j'applique la prophétie d'Ésaïe (xx, 1)[63] : « L'année en laquelle Tartan, envoyé par Sargon, roi d'Assyrie, vint contre Asdod, et combattit contre Asdod et la prit ; » puis le troisième verset : « Comme mon serviteur Ésaïe a marché nu et déchaussé, ce qui est un signe et un prodige contre l'Égypte et contre Couch (l'Éthiopie) pour trois années. » Enfin le quatrième : « Ainsi le roi d'Assyrie emmènera d'Égypte et de Couch, prisonniers et captifs, les jeunes et les vieux, les nus et les déchaussés.... »

J'ai voulu rendre dans ce traité mes impressions sur une question qui m'a vivement préoccupé. On appellera la solution que je propose, une hypothèse : ce n'en est pas une pour moi, dans ma conviction.

Dans le portrait du roi (pl. xxii), je vois celui qu'Esra désigne, le grand, le célèbre Asnaphar ; dans le personnage qui lui parle la main droite étendue comme en signe d'un rapport qu'il fait à son souverain, je veux reconnaître son capitaine, le Tartan de la Bible ; ceux que le guerrier[64] perce de ses traits, ces prisonniers[65] sont pour moi les Éthiopiens ; ceux enchaînés[66] sont les survivants d'Asdod, tels qu'on les voit encore dans les flammes de la forteresse.

Je soutiens donc la thèse que je viens de poser : je n'attribue qu'au règne de Sargon les faits que reproduit ce tombeau ; et, quelque imparfait

---

[63] Voyez note GG.
[64] Voyez *Lettres* de M. Botta. pl. xxxix.
[65] *Ibid.*, pl. v. vi et xxx.
[66] *Ibid.*, pl. xxvii.

que soit encore le résultat philologique de mes recherches, je suis heureux dans l'espoir de la possibilité que je crois démontrée, que des travaux exécutés par des hommes compétents pourront toucher au but dont j'ai voulu approcher.

M. Lassen[67] nous promet, au nom de M. Westergaard, une inscription complète dans les trois caractères persépolitains, avec la liste des différentes nations de l'empire persan. J'espère alors que ce que je n'ai pu exécuter, limité aux deux inscriptions de Niebuhr, et aux derniers travaux du digne savant qui sut tracer la voie dans les ténèbres de ces inscriptions, Grotefend, sera facile aux philologues, à l'aide de ces nouveaux moyens.

L'avenir nous apprendra si c'est, ainsi que je crois pouvoir l'admettre, une langue sémitique que nous avons devant nous, telle que paraît être celle de la troisième écriture persépolitaine. Nous pourrons alors ajouter une nouvelle preuve éclatante à la table ethnographique de la Genèse!

« Encore quarante jours, » s'écriait le prophète[68], « et Ninive sera renversée! » Encore quelques lustres, et, sans être devin, on peut prédire que nos philologues auront ressuscité la langue de ses habitants, comme M. Botta vient de rendre au jour les trophées longtemps enfouis de la gloire d'*Assur*.

[67] Voyez *Lassen und Westergaard, Ueb. die Keilinschriften d.* 1 und 2 *Gattung.* Bonn, 1845, p. 3.

[68] Voyez *Jonas*, iii, 4.

Paris, 3 octobre 1845.

NOTES

ET PIÈCES JUSTIFICATIVES.

Note A, page 7.

Voir, sur Mossul et les ruines de Ninive, C. RITTER, *Die Erdkunde*. Berlin, 1844, tome XI, pages 171 à 247.

Note B, page 7.

Vêtement assyrien. « Dans le troisième des tombeaux cités (*Rosellini Mon. R.*, pl. CLVIII), nous voyons paraître sous ce nom (Tamhou) un nouveau peuple, auquel il semble impossible qu'on dénie le nom d'*Assyrien*. Le costume de ce peuple, qui consiste en un riche et ample manteau, roulé plusieurs fois autour du corps, serré par une ceinture, couvrant les épaules et descendant jusqu'à la cheville, se retrouve presque identiquement sur les cylindres. » (CH. LENORMANT, *Introduction à l'Histoire de l'Asie occidentale*. Paris, 1838, p. 332.)

Voir, pour le costume assyrien, celui de la figure allégorique sur les cylindres représentés dans Dorow, *Morgenlaendische Alterthümer Wiesbaden*, 1820, 1es Heft pl. I; et la description suivante d'Hérodote, I, 195 :

Ἐσθῆτι δὲ τοιῇδε χρέωνται, κιθῶνι ποδηνεκέϊ λινέῳ· καὶ ἐπὶ τοῦτον ἄλλον εἰρίνεον κιθῶνα ἐπενδύνει, καὶ χλανίδιον λευκὸν περιβαλλόμενος, ὑποδήματα ἔχων ἐπιχώρια, παραπλήσια τῇσι Βοιωτίῃσι ἐμβάσι. κομῶντες δὲ, τὰς κεφαλὰς μίτρῃσι ἀναδέονται, μεμυρισμένοι πᾶν τὸ σῶμα. σφρηγῖδα δ' ἕκαστος ἔχει, καὶ σκῆπτρον χειροποίητον· ἐπ' ἑκάστῳ δὲ σκήπτρῳ ἔπεστι πεποιημένον ἤ μῆλον, ἤ ῥόδον, ἤ κρίνον, ἤ αίετὸς, ἤ ἄλλοτι. ἄνευ γὰρ ἐπισήμου οὔ σφι νόμος ἐστὶ ἔχειν σκῆπτρον.... (HERODOTI *Hist.*, I, 195, cura Schweighæuser. Arg. et Paris., 1816.) Je ne cite point Strabon (746) dont les notions sur les Assyriens sont évidemment copiées d'Hérodote.

Voir, pour le costume des prêtres de Babylone, correspondant avec celui de la figure imberbe reproduite par M. Botta, pl. X, et décrite p. 8 et 22, où elle est supposée représenter une femme ou un eunuque, la description de Baruch, VI, 30.

Note C, page 8.

L'armure des guerriers (*Assyriens*). Ἀσσύριοι δὲ στρατευόμενοι, περὶ μὲν τῇσι

κεφαλῇσι εἶχον χάλκεά τε κράνεα καὶ πεπλεγμένα τρόπον τινὰ βάρβαρον οὐκ εὐαπήγητον.
(HEROD. Schweigh., VII, 63).

Note D, page 8.

Ctésias d'après Diodore. Παραπλησίως δὲ τούτῳ (τῷ Νινύα) καὶ οἱ λοιποὶ βασιλεῖς,
παῖς παρὰ πατρὸς διαδεχόμενος τὴν ἀρχὴν, ἐπὶ γενεὰς τριάκοντα ἐβασίλευσαν, μέχρι
Σαρδαναπάλου. ἐπὶ τούτου γὰρ ἡ τῶν Ἀσσυρίων ἡγεμονία μετέπεσεν εἰς Μήδους, ἔτη
διαμείνασα πλείω τῶν χιλίων καὶ τριακοσίων, ἔτι δ' ἑξήκοντα, καθάπερ φησὶ Κτησίας ὁ
Κνίδιος ἐν τῇ δευτέρᾳ βίβλῳ. (DIODORI SICULI, *Bibl. Hist.*, II, 21; REC., *Wesse-
lingii Biponti,* 1793.)

Note E, page 9.

Si effectivement l'Esdud moderne occupe son emplacement. Il paraît qu'aucun vestige d'antiquités n'atteste l'identité d'Esdud avec Azot, adoptée uniquement d'après la tradition. « Esdud, as to the identity of which with
« Ashdod, no one doubts, has.... no remains of antiquity. » (ROBINSON's
Researches, dans *Scripture topography.* London.)

Note F, page 10.

Les Éthiopiens couverts, etc. Αἰθίοπες δὲ παρδαλέας τε καὶ λεοντέας ἐναμμένοι....
(HEROD. Schweigh., VII, 69.)

Note G, page 10.

Les Caspiens et les autres peuples, etc. Κάσπιοι δὲ σισύρνας τε ἐνδεδυκότες.. ι.
Πάκτυες δὲ, σισυρνοφόροι τε ἔσαν.... (*Id.,* VII, 67.)

Οὔτιοι δὲ, καὶ Μύκοι τε καὶ Παρικάνιοι ἐσκευασμένοι ἔσαν κατάπερ Πάκτυες....
(*Id.,* VII, 68.)

Note H, page 10.

La riche Ecbatane. Les anciens auteurs sur Ecbatane se trouvent cités
plus particulièrement dans CELLARIUS, *Geogr. ant.,* lib. III, c. XVIII, 12; dans
MANNERT, *Geogr. d. Griechen u. Roemer,* vol. V, II, p. 159, Nürnb., 1797;
et récemment dans A. FORBIGER, *Handbuch. d. alten Geogr.,* II, p. 590,
Leipzig, 1844.

Note I, page 10.

Dont les formes si compliquées, etc. Cette complication des formes de l'écriture cunéiforme sur les briques de Babylone (Voir GROTEFEND *neue Beitraege,*
1840, la planche) me paraît cependant plutôt la conséquence des accessoires
qu'on y remarque, que des éléments mêmes de ses caractères, et je la crois

au fond analogue avec l'écriture simple de Babylone ou d'Assyrie, telle
qu'on la trouve sur les cylindres que Dorow représente (*Die Assyrische
Keilschrift,* tab. 1, Wiesbaden, 1820), et que cet auteur énonce, à quelques
détails près, comme conforme avec la troisième écriture cunéiforme de
Persépolis.

Note K, page 11.

Ainsi que le remarque Grotefend. « Schon die dritte persepolitanische
« Schriftart ist vollkommener als die jüngste babylonische, insofern sie
« mit Entfernung aller Verbindungsstriche und Zurückführung aller ver-
« schiedenartigen Zeichnungen der Keile und Winkel auf die eine pfeilartige
« Gestalt nicht halb so viele Zeichen enthaelt, als die nahe an drey hundert
« Zeichen zaehlende aeltere Babylonische Schrift, da sich die Anzahl ihrer
« Zeichen kaum auf 130 belæuft. » (GROTEFEND, *Neue Beitræge,* z. Erl.
d., persep. Keilschrift. 1837, Anhang, p. 41.)

Note L, page 12.

Aucun indice sémitique. « ...... Wie es mir ein eitles Bemühen scheint,
« in den persepolitanischen Keilschriftarten irgend etwas von semitischer
« Sprache aufzusuchen. » (GROTEF., *ib.,* p. 39.)

« ...... Die *dritte* (Schriftart) welche gleichfalls den Character einer Per-
« sischen Mundart an sich traegt, und wegen des Mangels an Praefixen nicht
« zu dem aramaeischen Sprachstamm gehören kann. » (GROTEFEND, *Ueber
die Erklaerung, d. Keilschriften,* v. Heeren Ideen, Gött., 1824, p. 334.)

Note M, page 12.

A l'opinion de Gesenius. « Als hoechst wahrscheinlich kann dagegen an-
« genommen werden, dass diese Namen und überhaupt die Assyrische
« Sprache dem medisch-persischen Stamme angehören. » (GESENIUS, *Geschichte der Hebræischen Sprache und Schrift.* Leipzig, 1815, p. 63.)

Note N, page 12.

Adelung (Assyrich). « Ihre Sprache war ein chaldaeischer Dialect wie
« unter andern auch aus Vergleichung der Assyrischen Königsnahmen mit
« den Chaldäischen erhellet. Indessen unterschied er sich doch merklich von
« den übrigen, besonders von den Hebræischen. » (ADELUNG, *Mithridates,*
1, 330. Berlin, 1806.)

Note O, page 12.

L. D. Michaelis. « Novissimæ Tuæ litteræ d. VI Dec. datæ, inexspecta,
« tam novamque de Chaldæorum origine Pontica inter Chalybes quærenda-

« opinionem Tuam declarant, Tuumque desiderium, a me discendi quid de
« nominibus Chaldæis sentiam, quæ non Chaldaicæ sed Slavicæ originis esse
« suspicaris. (*Forsteri Epist. de Chaldæis in Jo. Dav. Michaelis Spicilegio
« geographiæ Hebræorum exteræ post Bochartum.* » (Goettingæ, MDCCLXXX,
pars II, p. 95.)

Note P, page 12.

Goerres. « .... tapfere Schirmherren ihrer Voelkerschaften, ihre Herrschaft
« bald vom Caucasus bis nach Bactra und den Himalayabergen verbreite-
« ten. Dies Reich ist das alte Iran oder Aria, das Aturia, Atyria oder Assy-
« ria, d. i. Feuerland der Westlichen, aus ihrem Königstamme der Semite
« Assur, Assor, Asr' d. i. selbst wieder Feuer oder Fürst des Glanzlichts. »
(J. GOERRES, *das Heldenbuch von Iran.* Berlin, 1820, vol. I, Einleitung,
pag. VI.)

Note Q, page 12.

Wilford enfin explique. « P. 377. NINUS is with good reason supposed to
« be the ASSUR of scripture, who built *Niniveh*, and ASSUR is obviously the
« IS'WARA of the *Puránás*, with the title of LI'LE'SWARA, LI'LESA, or
« NINUS. The word IS'WARA, though generally applied to deities, is also
« given in the *Puránás* to Kings, it signifies *Lord* and *Sovereign*.... »
« P. 380. ADRAM-MELECH is from *A'dharm-eswara ;* for IS'WARA and
« MELECH in the Chaldæan language are synonimous.... ANAM-MELECH
« is from *Anam-éswara* or IS'WARA, etc.... »
(*A Dissertation on Semiramis, etc., from the Hindu sakred books,* by
Lieutenant Francis Wilford. *Asiatic Researches*, vol. IV, London, 1799.)

Note R, page 12.

C'est surtout le passage de l'Écriture. « Dixitque Eliachim, filius Chilchi-
« laju et Sebnah et Joach ad Rabsacheh : Loquere nunc ad servos tuos
« Aramice (אֲרָמִית) (siquidem nos audientes); et ne loquaris nobiscum
« Jehudaice (יְהוּדִית) in auribus populi qui super murum. » (*Regum* II,
c. XVIII, v. 26; *Biblia s. hebr. c. interlineari versione Xantis Pagnini et
stud. Ariæ Montani.* Antverp., 1603.)

Note S, page 13.

La tradition sacrée. « ...... וּלְשֵׁם יֻלַּד גַּם־הוּא אֲבִי כָּל בְּנֵי־עֵבֶר
« Et ipsi Sem est natus, etiam ipse pater omnium filiorum Heber.....
« בְּנֵי שֵׁם עֵילָם וְאַשּׁוּר Filii Sem Helam et Assur.... » (*Genesis*, X,
21 et 22, *interl. vers. ut supra.*)

Il ne saurait exister de doute sur l'origine sémitique d'Assur, pour laquelle les principaux commentateurs des livres saints sont en harmonie. Ainsi Josèphe (*Ant. jud.* Ed. de Havercamp., 1726, t. i, p. 24) : Ἀσσύρας δὲ Νῖνον οἰκίζει πόλιν, καὶ τοὺς ὑπηκόους Ἀσσυρίους ἐπωνόμασεν· οἳ μάλιστα εὐδαιμόνησαν.

Bochart (*Phaleg et Canaan*, liv. ii, ch. 3) : « Ab Assure primo Assyres « mox Assyrii dicti sunt. »

Calmet (*Comm. litt. sur la Génèse*, p. 298), *Assur.* : « L'Assyrie a donné « son nom à Assur, ou elle l'a reçu de lui. »

Hugo Grotius (*de Veritate Relig. christ.* Amst., 1680, p. 82) : «*Ab* אשור, « Assyrii noti omnibus. »

Heidegger (*de Hist. sacra veterum Patrum.* Amst., 1688, t. ii, p. 702) : « Assur originem dedit iis, qui primum Assures, postea Assyrii dicti, quorum « regio celeberrima fuit Adiabene.... » et tant d'autres.

Note T, page 13.

Dans le chaldéen actuel des Israélites. Livre de Daniel, c. ii, vers. 4 : « Et « locuti sunt Chasdim ad regem (לְמֶלֶךְ, *Lamelek*) aramice (אֲרָמִית, ara- « mit); » interl. vers. ut supra.

Et effectivement, c'est depuis ce verset que le livre de Daniel est écrit dans cette langue si analogue à l'hébreu, nommée le chaldéen, ainsi que l'indique déjà le premier mot מַלְכָּא (malko) du quatrième verset.

Je place la plus haute importance dans ce mot *aramice* de Daniel, que nous avons vu dans les *Rois,* ii, 18, 26, opposé au mot *judaïque:* de sorte qu'il en résulte pour moi non-seulement la conviction de l'identité presque complète entre le babylonien et l'assyrien (compris également sous le nom d'*aramice,* et représenté par le chaldéen, quelque défiguré que nous l'ait peut-être conservé la prononciation des Hébreux), mais encore l'analogie intime entre l'assyrien et l'hébreux, à juger de la parenté si prononcée entre cette dernière langue et le chaldéen dans l'Écriture. Nous citons à ce propos un passage du savant critique du Vieux Testament, Simon, où il annonce que « Pour ce qui regarde la Langue Caldaïque, dans laquelle ces Paraphrases ont été écrites, il suffira d'observer en general, que les Juifs rapporterent de Babylone à Jerusalem après leur captivité, la Langue qu'on parloit alors dans Babylone, et qu'ils continuerent de la parler longtems après dans la Palestine, dans la Syrie, et dans quelques autres lieux où ils étaient répandus. C'est cette même langue que Notre Seigneur et ses Apôtres ont parlé, et qu'on nommoit le plus souvent en ce temps-là la langue Syriaque.... Comme il est difficile que les Langues se conservent pures, principalement parmi les Étrangers qui les ont adoptées, il fut impossible que le langage Caldéen, que les Juifs parloient, ne retinst quelque chose de leur ancienne Langue; et ainsi ils firent comme un mélange de l'Hébreu et du Babylonien.... On peut donc appeller le Caldéen des paraphrases un Caldéen Hébreu.... (Simon, *Hist. crit. du Vieux Testament,* liv. ii, ch. 18, p. 301. Amst., 1785.)

C'est donc l'*araméen* que nous croyons la dénomination générique des langues de Babylone et d'Assyrie, et que l'on désignait alors par le *syriaque*, langue que, selon moi, on ne saurait retrouver que dans ses sœurs; le syrien, proprement dit, qui nous a été conservé, quoiqu'un idiome de cette famille, ne datant que des temps chrétiens, ainsi que l'adopte Adelung. « Man « hat von dieser Sprache (West Aramaeisch oder Syrisch) keine so alten « Ueberbleibsel, als von der Hebræischen oder Chaldæischen; denn alles « was man davon hat, schreibt sich aus den Zeiten des Christenthums her. « Man weiss nur, dass sie sich in mehrere Mundarten theilte, worunter « die Palmyrenische, die berühmteste ist. » (Adelung, *Mithridates I*, p. 333.)

Note U, page 13.

Voyez sur l'histoire du caractère carré des Hébreux :

1°. Simon, *Hist. crit. du Vieux Testament.* « Saint Jérôme (*Hieron, Prol. Gal.*) assure qu'Esdras se servit de nouveaux caracteres au retour de la Captivité, et que les anciens sont ceux dont l'usage s'est conservé parmi les Samaritains. » (Liv. i, ch. 13, p. 77.)

« Avant que les Hebreux entrassent dans la terre de Canaan, ce caractere, que nous nommons Samaritain, y étoit en usage, aussi bien que la Langue Hébraïque; de sorte qu'on le doit plûtôt appeller caractere Phénicien que Samaritain ou Hebreu, et celui que nous nommons aujourd'hui Hebreux est l'ancien caractere des Caldéens. » (*Ibid.*, p. 79.)

2°. La critique du traité de Jos. Dobrowki, *de Antiquis Hebræorum characteribus dissertatio,* etc.; dans J. D. Michælis, *Orientalische u. Exegetische Bibliothek.* Frankf. a M., 1783, t. xxii, p. 112.

« Herr D. handelt die Frage ab, über die so viel gestritten ist, ob die « alten Buchstaben mit denen das Gesetz Mosis geschrieben ist, die jetzigen « Hebræischen sind? oder die Samaritanischen? und die jetzigen Hebræis- « chen eigentlich wie Rabbinen und Hieronymus sie nennen, Assyrischen, « aus dem Babylonischen Elend mitgebracht und erst von Esra eingeführt « sind? Er ist für das Alter der Samaritanischen, und neuen Assyrischen « Ursprung der jetzigen Hebræischen Buchstaben. »

3°. W. Gesenius *Geschichte der Hebræischen Spracheund Schrift,* § 41, 42, p. 142; et particulièrement § 43, p. 156.

« Mehrere der obigen Gründe vereinigen sich dahin, dass wirklich eine « solche Schriftveraenderung, und zwar durch den Einfluss des Exils und « der Chaldæischen Schrift vorgegangen sey.... Ob die neue Schrift gera- « dezu die Chaldæische ist, oder ein Gemisch aus aelterer und Chaldæischer,

« darüber lässt sich freylich streiten, aber das erstere ist viel wahrschein-
« licher. »

Et pour la comparaison du caractère hébraïque avec celui des Samaritains et Phéniciens, voyez MONTFAUCON, *Palæographia græca ;* Paris, 1708 ;
la table, p. 122 ; puis GUIL. GESENIUS, *Scripturæ linguæque Phoeniciæ mo-
numenta,* etc. Lipsiæ, 1837.

Note V, page 14.

Le sin ou chin des Hébreux. Cette lettre se retrouve, ainsi que me le fit
remarquer un voyageur versé dans la connaissance des antiquités de l'Égypte,
dans une forme analogue parmi les hiéroglyphes, et j'ai en effet reconnu que
Champollion le jeune lui donne la valeur d'une chuintante.

« L'articulation ﺵ (le *ch* français et *sch* des Allemands) était représenté entre autres par un jardin :

(Voyez CHAMPOLLION le jeune, *Grammaire égyptienne,* ch. ii, 56. Paris, 1826,
page 29.)

« Le son du ﺵ (*schin*) hébreu est réprésenté dans l'alphabet hiéroglyphique par l'oie, et surtout par un autre caractère, une espèce de jardin,
dont le signe hiératique correspondant à la forme du ﺵ copte. » (CHAM-
POLLION le jeune, *Précis du système hiéroglyphique,* etc. Paris, 1824, p. 64.)

Cet hiéroglyphe, qui se trouve répété deux fois dans le nom de Xerxès, tel
qu'il est lu par Champollion le jeune (*Précis du système hiérogl.,* Paris, 1824,
tabl. gén., p. 14, n°s 125 et 125 *a,* pl. 7), me semble par la similitude des
signes

une preuve importante pour la valeur de sifflante ou chuintante que j'attribue à cette dernière lettre assyrienne.

Note W, page 14.

Ayant quelques doutes. M. Grotefend lit le nom de Xerxès dans la troisième écriture persépolitaine, comme *Kh-sch-ah-th-rsch,* et donne donc au
signe

qui y reparaît deux fois, une valeur différente; la première comme *kh*, et la deuxième comme *ha*.

On remarque dans cette lecture l'emploi de l'aspiration sous trop de formes pour pouvoir l'admettre.

Note X, page 16.

Chachhaŕa ou Sashaŕa. En attribuant la valeur d'un *a* à la voyelle dans le nom de Chachhaŕa, que les Grecs nous ont conservé comme Xerxès, et que Champollion le jeune, lit dans une inscription hiéroglyphique, *Khschéarscha* (*Précis du Système hiérogl.* Paris, 1824, tabl. gén., p. 14, n° 125 et 125 *a*), je sens toute la difficulté de déterminer pour une langue morte le son précis des voyelles.

J'avoue mes doutes sur la possibilité de rétablir uniquement *à priori*, ou plutôt de deviner la valeur donnée aux voyelles dans des langues dont il ne reste que des vestiges graphiques. Nous voyons l'incertitude qui règne sur la prononciation de langues conservées du moins dans leurs filles, comme sur celle du grec, lu d'après les deux systèmes variés d'Érasme et de Reuchlin; du latin, que presque chaque nation prononce d'une manière différente; enfin de langues encore existantes chez le même peuple, comme de l'hébreu qui sonne si différemment chez les Israélites de l'Occident de ceux de l'Orient. A plus forte raison on ne saurait adopter pour une langue comme l'assyrien, dont dans cet essai je me trouverais heureux d'avoir reconquis même les plus faibles éléments, une prononciation fixe pour les voyelles. Qu'il me soit permis d'énoncer mon opinion sur l'inopportunité de tout autre système pour la valeur des voyelles, que celui résultant de l'usage. Nous voyons dans le zend une même voyelle adoptée par Anquetil comme *e*, et par ses successeurs, selon Rask, comme *a*, d'après des indices tirés du sanskrit. C'est de cette dernière langue que vient la théorie sur l'existence primitive de seulement trois voyelles, les autres étant considérées comme nées de la fraction, du redoublement et de la jonction, donc du changement de ces trois voyelles primitives; au lieu d'adopter avec Volney (*l'Alphabet européen.* Paris, 1819, p. 6) autant de voyelles que le gosier peut émettre de sons simples, indivisibles. Si J. Grimm, ce philologue éminent, a su appliquer avec succès la théorie sur les trois voyelles, dites principales, aux idiomes d'une même langue, où des restes précis permettent de suivre les changements successifs et réguliers des voyelles, on ne saurait néanmoins, à mon avis, en faire usage pour des langues dont les éléments phonétiques sont entièrement perdus; et sur lesquelles les recherches s'exercent uniquement à l'aide d'analogies avec leurs sœurs, qui de même ne sauraient être arrivées jusqu'à nous qu'avec les modifications les plus prononcées.

Je crois donc plus prudent de ne point fixer dans des cas pareils la valeur des voyelles, pour lesquelles on ne saurait avoir recours aux mêmes moyens

que l'on emploie pour arriver à la connaissance approximative de la valeur
des consonnes, pour lesquelles les organes, la qualité de lettre muette ou
liquide, et le mode d'aspiration, servent d'indication.

D'après ces principes, je me borne dans cet essai à assigner à tous les
signes de l'écriture cunéiforme qui me paraissent douteux, mais que leur
répétition fréquente semble indiquer comme voyelles, la dénomination géné-
rale tirée de l'hébreu, de *valeur massorétique*, sans conséquence de l'époque
où les signes massorétiques auraient été adoptés, préférant l'aveu de mon
incompétence que l'établissement d'échafaudages savants, bientôt écroulés,
sans l'excuse d'avoir voulu présenter une hypothèse qui resterait utile, quand
même elle ne se trouverait point confirmée.

Note Y, page 18.

Affixe marquant le nombre. « .... sondern das Zeichen welches Niebuhr
« in der Inschrift L. Taf. iii, Z. 17 ohne den untern Querkeil schreibt, nur
« einen Plural bedeute.... » (Grotefend, *Neue Beitr. z. Persep. Keilsch*,
1837, p. 37.)

Note Z, page 19.

Par Dion Cassius. καί που (Ἀσσυρια) καὶ Ἀτυρία διὰ τοῦ Ταῦ βαρϐαριστὶ, τῶν
Σίγμα ἐς τὸ Ταῦ μεταπεσόντων, ἐκλήθη. (Dionis Cassii C., *Hist. rom.*, cura F. G.
Sturzii Lipsiæ, 1824, vol. iv, lib. lxviii, 26, p. 334.)

Je suis porté à supposer que le changement chez les Assyriens entre Σίγμα
et Ταῦ s'exerçait aussi sur Σίγμα et δέλτα.

Note AA, page 20.

Combiné avec une linguale. Les deux formes pour *t*, résultant des deux
signes ⧑⧑ et ▶▶╫, peuvent aussi bien exister en assyrien que les τ, θ,
et ϑ du grec, et les ת et ט de l'hébreu. La valeur du premier de ces
signes me semble s'accorder parfaitement avec le ת, sifflante et linguale en
même temps; tandis que l'autre ne représente pour moi qu'un souffle ayant
acquis plus de force par la présence d'un organe, mais que je ne saurais
déterminer.

Note BB, page 21.

Que je suppose une aspiration. Cette forme ▶▶——— est une des plus
fréquentes parmi les combinaisons que montrent les lettres de Khorsabad,
où je la trouve combinée de la manière la plus variée dans près de cinquante
formes différentes.

Note CC, page 21.

Ce monogramme pour roi, déjà reconnu par Grotefend. « Keine dieser
« Keilschriftarten ist im strengen Sinne Syllabisch oder gar Zeichenschrift
« zu nennen, obwohl schon in der zweiten Schriftart, geschweige in der
« dritten und Babylonischen, viele syllabische Zeichen, und, wie schon in
« der ersten, auch ein einfaches Zeichen für den Königstitel vorkommen. »
(GROTEFEND, *N. B., z. Pers. Keilschr.*, 1837, p. 39 et tab. IV.

Note DD, page 23.

La comparaison entre les mêmes inscriptions des IXe, XIIe, XIIIe et
XVe planches met hors de doute que les deux signes

sont identiques.

Note EE, page 24.

Celle du ק *K.* Il suffit pour mon but que le signe que je represente par
cette lettre ait une valeur palatale ou gutturale, qu'elle soit *k* ou *gh,* comme
celle du ג (ghimel), ou du ע (aïn) ; mais tel que lu anciennement, où il cor-
respondait avec le Ɛ (ghain) des Arabes.

Note FF, page 24.

Correspondant avec les Septante. Voyez *Vetus Testam. gr., ex vers. Sept.*
Amst.,1683. ΗΣΑΙΑΣ, XX, 1.... (Ἀρνᾶ βασιλέως Ἀσσυριων, p. 759.)

Note GG, page 25.

L'année en laquelle. « In anno ingredi (in quo ingressus est) Thartan in
« Asdod, in mittendo (cum mitteret) eum Sarghon rex Assur, et pugnasset
« cum Asdod, et cepit eam. » (*Jesah.*, c. XX, 1.) « Quemadmodum ambulavit
« servus meus Jesahiahu nudus, et discalceatus, tribus annis signum et
« portentum (erit) super Ægyptum et super Æthiopiam. » (*Id.*, XX, 3.) « Sic
« ducet rex Assur captivitatem Ægypti et transmigrationem Æthiopiam,
« pueros et senes, nudum et discalceatum, et discoopertos. » (*Id.*, XX, 4,
Interl. vers. ut supra.)

FIN.

Nom au dessus de la Forteresse. V.ᵗ Lettres de M. Botta.
(*Pl. XXXI. 1*)

ASDOD = אשדוד

	(A ?)	S	D	O	H (+ $\frac{T}{B}$?)
Hébreu.	(א ?)	ש	ד	ו	ה (+ ?)
Ecriture de Khorsabad au dessus de la forteresse, Pl. XXXI. 1)					ou peut être
Lettres analogues de la 3.ᵐᵉ écriture cuneiforme.	(?)				

Titres et Lettres du Nom du Roi.

MAGNUS _ REX SARAC (Asaraddon.)

SARAC = ARSAC - (ARNA) - SARGON = סרגון (פ - ש)

	Monogr: Magnus.	Monogramme de Titres.		R	S	K ou G (N?)	?
Hébreu.				ר	ש	? (נ)	?
Pl. IX.			Affixe.				
			Monogr.				
Pl. XII.							
			Monogr. de Roi				
Pl. XIII.							
Pl. XV.	—?	?					
Lettres et Monogr. analogues de la 3.ᵐᵉ écriture cuneif:		(?)				(?)	
	MAGNUS		REX	(A)R.	S(A)	(K?)	(N?) D.

3.me Écriture cuneiforme de Persepolis.

Inscription E de Niebuhr, (Voyage en Arabie.) vol. II. pl. XXIV.

Xerxes		S ou CH		S ou CH	H		R	
Hebreu	Signe de Nom propre	(Valeur massor: (Patac?)				(valeur massor:)		(valeur massor. (Daghes?) (Patac?)

Lecture de M.r Grotefend dans la 3.me écriture cuneiforme. (Kh. sch.   ah.   th.   r.   sch.)

Lecture de M.r Lassen, 1.re écrit: cun: (Khsársá.)

Lecture de M.r Westergaard, 2.de écrit: cun: (Khsarasá)

Inscription C de Niebuhr, (ib.)

Darius		D		R	I	V	S ou T	
Hebreu	Signe de nom propre.	(valeur massoret (Daghes doux?)		(val: massor:)				(valeur massor:)

Lecture de M.r Grotefend dans la 3.me écriture cuneiforme. (Da   r   ha   a   wesch.)

Lecture de M.r Lassen, 1.re écrit: cun: (Darj:wus)

Lecture de M.r Westergaard 2.e écrit: cun: (Darijawus.)

Inscription C de Niebuhr 6.me ligne

3.me 6.me et 7.me Lettre.

3.mo Écrit: cun: (...)

Aedes   B ou V.   ei   T ou S

Hebreu (... ou ...   .)

{ 1.re écrit.re cun: T.a k.a r.a m.) d'après Lassen. }

1re et 3me Écriture de Persepolis.

Inscriptions G et E de Niebuhr: Pl. XXIV.

1re Écrit. [cuneiform]
Lassen Lecture} *Khsârsa* — *Khsâja Rija* — *wa za rka*
id. Trad. *Xerxes* — *Rex* — *magnus*

3me Écrit. [cuneiform]

Lecture et explic. — Ŝ ou CH (valeur massorétique:) — Ŝ ou CH — H (val: mass) — R (Val: mass.) (Val: mass.) — Monogramme de Roi. — monogrammes d'attributs.
Hebreu.

1re Écrit. [cuneiform]
Lassen Lecture} (Ka) — *Khsâja Rija* — *Khsaja Rij anam*
id. trad. *Rex.* — *Regum*

3me Écrit. [cuneiform]

Explic. — monogramme de Roi. — monogramme de Roi.

1re Écrit. [cuneiform]
Lassen Lecture} (nam) — *Dârja wa hus* — *Khsaja Rija hja*
id. Trad. *Darii* — *Regis.*

3me Écrit. [cuneiform]

Lecture et explic. — afflixe du pluriel. — Signe de Nom propre D (val: mass) — V? (ר?) — R (val: mass.) — I — V — Ŝ ou T (val: mass) — monogramme de Roi.
Hebreu.

1re Écrit. [cuneiform]
Lassen Lecture} *Puthra* — *Ha khâm nisija*
id. Trad. *Filius* — *Achœmenius*

3me Écrit. [cuneiform]

Lecture et Explic. — Rem.que (Ben en Heb. et Arabe, Bar en Chaldeen, Boman en Pehlwi.) — monogramme pour Fils. (ב?) — O (ד ו?) — D (H+?) (K?) — (H+?) — (N?) (נ?) (val: mass) — Ŝ ou CH — H
Hebreu.